365 CITAS

Citas Diarias para Facilitar una Vida Plena

Book Domain LLC.
543 E Louise Dr Phoenix, Az 85050

Ordering Information:

Amount Deals. Special rebates are accessible on the amount bought by corporations, associations, and others. For points of interest, contact the distributor at the address above.

Printed in the United States of America.

ISBN-13   Paperback   978-1-970309-03-4
           eBook   978-1-970309-02-7

365 CITAS

Citas Diarias para Facilitar una Vida Plena

CECIL G. CLARKE

INTRODUCCIÓN

Este libro fue inspirado de una manera algo extraña. Había un cierto amigo que siempre insistía en que necesitaba escuchar lo que él tenía que decir. Le dije que no necesitaba escucharlo. Todo lo que quería era paz y tranquilidad. Pero esto solo caía en oídos sordos.

Le informé que era aburrido e irritante, y que no tenía interés en lo que estaba diciendo. Pero él continuaba hablando aún más. Creo que tenía buenas intenciones. Pero me negué a someterme a escuchar a alguien que simplemente amaba hablar. Y como no lograba hacerme entender, decidí que haría algo al respecto. Así que cada vez que comenzaba a hablar, simplemente me levantaba y me alejaba. No hace falta decir que me sentí mal al hacerlo.

Lo pensé y me di cuenta de que hay algunas personas que son así. Y aunque no tienen malas intenciones, realmente pueden aburrirte. Así que decidí que sería mi propia culpa si permanecía allí en presencia de alguien que eventualmente me irritaría. Entonces, de repente, me di cuenta de que podría ser debido a la ignorancia, o tal vez solo a la insensibilidad hacia lo que afecta a otras personas. Y tomé la decisión de ser muy cuidadoso, para nunca hacer cosas como esas. Y para reforzarme, decidí ponerlo por escrito. Y así fue el nacimiento de mis primeras cuatro citas.

El contenido completo de este libro se basa en mis propios pensamientos y mis propias experiencias. Representan mi respuesta, mi reacción y mis comentarios en diversas conversaciones. Representan mi evaluación de ciertas situaciones. Y durante un período de aproximadamente dos años tuve una lista bastante larga de citas. Y luego me convencí de que otros también podrían beneficiarse de ellas. Así que se realizó la compilación de este libro.

Es mi sincero deseo que quien lea este libro, encuentre valor en él. Yo he encontrado valor en él, y quiero darle a todos la oportunidad de leerlo. Si también encuentran valor en él, eso hará que mi corazón se alegre, sabiendo que mi esfuerzo no fue en vano.

También debería decirte que tengo una fundación de becas. A saber:

Fundación de Becas Suave, Inc.
Un cierto porcentaje de los ingresos de la venta del libro se destinará al fondo de becas.

Muchas gracias, y que las ricas bendiciones de Dios acompañen a todos mis lectores, económica, educativa, social y espiritualmente. Que todos ustedes sean bendecidos en todos los aspectos de su vida.

correo electrónico: cecilclarke@msn.com.

Aunque pienses que sabes lo que necesitan
tus amigos, en realidad no lo sabes hasta que
se lo preguntes: porque ellos saben mejor.

Es mejor que las personas que te rodean deseen
oírte hablar; que deseen que te abstengas.

El discurso, con todas sus virtudes,
puede ser aburrido, así como irritante:
por lo tanto, debes saber cuándo abstenerte.

Habla con valentía y claridad,
pero sabe cuándo abstenerte. Porque al
hacer esto, asegurarás que abunde la paz.

Si eres crédulo en este veintiuno siglo, eso
te colocará en gran peligro. Porque hay
una multitud de información que llega a ti
a diario, la mayoría de la cual no es real.

Necesito una explicación completa de tu parte,
pero no te pediré que la expreses con palabras;
porque eso podría ser demasiado para ti.

Los accidentes sucederán,
a pesar de las mejores precauciones:
pero sin precauciones, habrá muchos más.

La belleza que brilla con radiancia cuando
está en la luz, no se altera cuando está
en la oscuridad. Solo se oculta allí.

No hay límites para lo que Dios puede
lograr con unos pocos hombres buenos.

El amor es una arma muy poderosa;
pero hace el bien, y nada más.

Un corazón lleno de amor no
tiene capacidad para el odio y la
indiferencia. Solo bondad y afecto.

La mayor alegría que un creyente puede tener
es saber que sus caminos agradan a Dios.

La mayor preparación que todo hombre
debe hacer es encontrarse con su Creador.
Porque esté listo o no, un día todos debemos
comparecer ante el trono de juicio de Cristo.

Es fácil para un hombre cumplir con
las expectativas de su esposa. La
dificultad radica en conocerlas.

Un hombre necesita tiempo para
madurar, a menos que conozca una
forma de saltarse la juventud.

Siempre es bueno tener una opinión, pero no
siempre es lo mismo cuando la das. Para algunas,
las opiniones deberían guardarse para uno mismo.

Las cosas no siempre son lo que percibes que son,
por lo tanto, siempre deberías obtener los hechos.

Un hombre siempre debe tratar de ser un
apoyo sólido para su esposa; debe unirse
a ella en hacer el bien y actos nobles. A
diferencia de Adán, que se unió a su esposa en
la desobediencia y luego intentó culparla.

No seas demasiado rápido para formarte
conclusiones sobre las personas y juzgarlas,
independientemente de la evidencia que
creas tener: podrías estar equivocado.

Hay personas que te juzgarán según sus propios
estándares y te asesinarán sin un cuchillo ni
una pistola: simplemente usarán su lengua.

Ten cuidado con cómo formas opiniones sobre
las personas y llegas a conclusiones sobre
ellas: porque puedes sentirte avergonzado
cuando descubras que estabas equivocado.

A veces un hombre tiene que ser lo bastante
valiente para hacer el bien que sabe, incluso
si eso le va a costar una bofetada.

Antes de que comiences a preocuparte,
deberías numerar y documentar todos
los logros anticipados y el número
determinará la justificación.

Desde un punto de vista pesimista, Adán
perdió una costilla, pero de manera optimista,
ganó una esposa; para su gran deleite.

Para ser un mentiroso exitoso necesitarás
tener una memoria impecable: una que pueda
recordar con precisión todas tus mentiras.

Mirar el atardecer da una sensación
espléndida: se convierte en un hermoso
rayo de luz, con la más pura grandeza y
brillantez, que toca todo y a todos en su
camino; justo antes de morir en la noche.

Una cosa de belleza es una alegría perenne.
Tiene el potencial de inspirar e influir
en los corazones de tantas personas;
dándoles una actitud positiva y receptiva, y
transformándolos en individuos productivos
y más realizados: haciendo contribuciones
tangibles a la sociedad y sin cesar al mundo.

No todas las citas son una oportunidad;
pero cada oportunidad merece una cita.

Admite con gusto que no lo sabes todo,
pues esa es la prerrogativa de Dios.

No hay mejor manera de ayudarte a ti mismo
que buscar a otros en necesidad y ayudarlos.

Independientemente de lo difícil
que pueda ser una tarea, se hace más
fácil una vez que se comienza.

Todos deberían ser responsables, pero no
siempre es así: por lo tanto, alguien debe tomar
la iniciativa, para tener algún semblante de
estabilidad y productividad en esta sociedad.

El carácter se determina por lo que uno
hace cuando está solo, con múltiples
oportunidades de hacer el bien o el mal,
y sabe que nadie está mirando.

Eres lo que eres, así que la pretensión o la
negación, o cualquier cosa contraria no
importará: porque quien eres habla tan
alto, que nada más se puede escuchar.

Un hombre puede dar todo lo que posee,
y aun así, no ha dado todo, hasta que se
da a sí mismo. Pero Dios dio todo.

Si una mujer es casta y virtuosa, pero muestra
características de una ramera: es muy probable
que solo se la perciba como la última.

La única forma de evitar la mirada de desdén de
algunas personas es evitar cruzarse con ellas.

Siempre busca la oportunidad de infectar a
otros con tu buena calidad; porque, en última
instancia, los resultados serán grandiosos.

Si no tienes nada bueno que decir a, o sobre alguien, no significa que tengas algo malo que decir tampoco. ¡En ese caso, no digas nada!

Es tu día libre, pero eso no te da licencia para simplemente quedarte sentado y no hacer nada. Eso sería muy improductivo.

El hecho de que tus gastos superen tus ingresos no significa que tus ingresos no sean buenos: podría significar que te has sobreextendido.

No tiene sentido acumular una abundancia de posesiones materiales, si tú o nadie más se beneficia de ellas.

Siempre que descubras que tienes inclinación a la tristeza, deberías determinar si tienes la opción de hacerlo ahora o más tarde. Si es así, elige más tarde. Pero por ahora, sé feliz.

Cualquiera que sea tu vocación, sé el mejor que puedas ser. ¡Pero si no eres un diplomático, no se te exige ser diplomático! ¡Ese es el trabajo del diplomático! Todos tenemos nuestras propias responsabilidades.

Si te rodeas de mala compañía, no hay forma de que puedas preservar tu propia reputación.

Si necesitas más aceite para tus ruedas, debes dejar que chirríen más fuerte. Pero al hacer esto, es posible que necesites más que aceite.

Si todos tus oponentes son débiles,
nunca podrás determinar tu fuerza.

Hay al menos dos cosas que son evidentes al final
de toda competencia: un ganador y un perdedor.

Ganar en competiciones no siempre es una
indicación de tu fuerza. A veces es una
indicación de la debilidad de los oponentes.

El uso de pantalones no es una prueba
suficiente de que eres un hombre:
las mujeres también los usan.

Los tiempos de crisis son los momentos que realmente ponen a prueba el alma de los hombres. Pero de estos, los hombres también pueden aprender lecciones significativas.

Si tu teléfono suena regularmente, incluso en los momentos más inconvenientes; esto podría ser una clara indicación de que tienes acreedores. Porque no solo poseen tu persona, sino también tu dignidad; y tratarán de hacerlo saber dondequiera que estés.

Cuando te arrodillas en oración al dios asombroso, que es el Creador y Gobernante de todo el universo, también debes postrar tu corazón humildemente a sus pies. Porque Él es digno de reverencia.

Es bueno que sepas el precio de todo.
Pero, ¿sabes el valor de alguno?

Como líder de una organización religiosa, debes
ser lo suficientemente observador para notar
cuando hay una lucha administrativa dentro
de la organización. Entonces, depende de ti
decidir si fusionar o desescalar la situación.

Nunca dudes en tirar tu basura; porque
puede haber otros lo suficientemente
astutos para convertirla en su tesoro.

Un día desperdiciado es aquel en el
que solo buscaste enriquecerte; y
más aún, a expensas de otros.

La pálida mano de la muerte no conoce
discriminación. Llama a la puerta de los
pobres y humildes, y también a la de los ricos
y nobles; y rara vez se va sin llevar algo.

Ten cuidado con la red que teje, mientras
practicas el engaño. Porque también
puedes quedar atrapado en ella.

Al cavar una zanja para otros, nunca puedes
estar seguro de que no te caerás en ella. Así
que mi regla práctica es que dejes que los
demás caven su propia zanja, si quieren una.

La montaña puede ser una gran
barrera para ti, pero para otros, es una
gran oportunidad para escalar.

Debido a los desafíos de la vida, se
necesita un gran esfuerzo; como
resultado de un gran esfuerzo, se han
logrado muchas tareas importantes.

Para lograr algo, uno debe aventurarse,
con o sin garantía: porque nada
arriesgado, nada conseguido.

La muerte, aunque real, no es algo que se deba
abrazar; pero si todo lo demás falla, curará tu
enfermedad. Pero no será una ocasión feliz.

Mientras haya montañas, habrá
oportunidades para escalar.

El juicio no es tu prerrogativa, pero en cualquier caso, no es prudente juzgar a un hombre basándose en lo que dijo que haría; porque se reserva el derecho de cambiar de opinión. Por lo tanto, solo se puede juzgarlo según lo que hizo.

Los hombres siempre se sienten atraídos por las mujeres: pero la atracción no es un indicativo de que un hombre tenga el interés de la mujer en el corazón. Porque hay amor, enamoramiento y lujuria.

Un hombre puede expresar con toda eloquencia sus intenciones más nobles; pero solo la prueba ácida del tiempo podrá decirlo mejor.

Está la ley de Murphy, y también está la
ley de la prevención. Cualquier mal que
puedas prevenir, debe ser prevenido.

El hecho de que un profesional esté involucrado,
resolviendo eficazmente los problemas de
los demás, no indica que no tenga problemas
personales. Todos necesitan a alguien.

Un piloto debería pensarlo dos veces antes
de ayudar a un pasajero ciego que está
abordando el avión con un perro guía. Porque
es muy probable que los otros pasajeros
piensen que es el piloto quien es ciego.

Si tu nombre es Jack, deberías pensarlo dos veces
antes de convertirte en piloto. Nunca sabes
cuándo alguien abordará y dirá, ¡hola Jack!

Cuando estás abajo, no hay lugar a donde ir
más que hacia arriba. Pero si sobresales en la
cima, sin honestidad, integridad y humildad;
no hay lugar a donde ir, más que hacia abajo.

Para competir con éxito en el mercado,
debes tener la mejor actitud: debes
ofrecer y mantener el mejor producto,
el mejor servicio, al mejor precio.

Un hombre no puede ser famoso y
mantenerlo en un vacío. Necesita el respaldo
y el reconocimiento de los demás.

Nunca rechaces la oportunidad de escuchar
la historia de otras personas: de esa manera,
tus conclusiones serán imparciales.

Todos tienen una historia que contar;
por lo tanto, deberías aprovechar cada
oportunidad para escucharlas: pueden
hacer la diferencia en tu vida.

La incompetencia es más poderosa de lo
que uno podría pensar. Puede empañar tu
reputación de tal manera que nadie querrá
hacer negocios contigo nuevamente. Por lo
tanto, deberías esforzarte diligentemente por
adquirir competencia a toda costa. Vale la pena.

Solo hay una manera de asegurar que las
personas no formulen opiniones o lleguen
a conclusiones sobre ti que sean inexactas.
Debes decirle a todos exactamente lo que
necesitan saber sobre ti. Tu único desafío es
descubrir qué es lo que necesitan saber.

Cuando todo se desmorona a tu alrededor,
esa es tu oportunidad para construir
algo que no se desmoronará.

El hecho de que estés consultando incluso con
el profesional más competente, no significa
que él o ella tenga todas las respuestas.
Así que mantén la mente abierta.

Es cierto que algunos hombres pueden ser astutos. Pero si un hombre le compra flores a su esposa y ella le dice que solo está tratando de encubrir sus huellas, sabes que el mundo se ha ido al traste.

Hay quienes utilizarán todas tus buenas cualidades, pero suprimirán cada oportunidad para que puedas avanzar más.

Es fácil confiar en Dios, pero los hombres lo hacen difícil, porque quieren depender de sí mismos.

Hay mucho que puedo decir sobre el asunto en cuestión. Pero con todo el debido respeto, no diré nada más; dadas las circunstancias.

Uno podría pensar que el hombre sentado
en una cortadora de césped de potencia
debería encontrar otra cosa que hacer
mientras se corta el césped. Pero si se
levanta, al menos la cortadora se detendrá
bruscamente y el césped no estará cortado.

Las actividades de los ciudadanos en general
son una indicación de la moralidad de la nación.
Y es su moralidad la que moldea su destino.

Si una nación se encamina hacia el colapso
total, revisa la moralidad de los ciudadanos;
y lo más importante, de los líderes.

Se establece generalmente que la presión
de grupo es algo malo. Pero hablando
realísticamente, uno también puede
ser influenciado positivamente por los
buenos ejemplos de sus compañeros.

La gente siempre hablará, pero lo
que digan no siempre será un hecho;
sino que se basará principalmente en
especulaciones, suposiciones y rumores.

Cuando estés en el fondo, no debes temer
caer más. Pero tienes todas las oportunidades
de llegar a la cima. Pero debes aprovechar
las oportunidades, valorar cada momento
y hacer el esfuerzo, para poder avanzar.

A toda negativa, hay una positiva. Concéntrate
solo en lo que funcionará para ti.

Con el tiempo, nubes oscuras se reunirán
en la vida del mejor de los hombres. Y si no
tienen cuidado, simplemente se rendirán
en la desesperación. Pero mi palabra a cada
hombre es esta: reconoce tus limitaciones y
mira a Dios, porque Él no tiene ninguna.

El desánimo es una prescripción del
diablo, utilizada en todas sus víctimas;
para minimizar y matar sus esperanzas,
y destruir sus sueños y aspiraciones.

Si tienes problemas críticos, debes tener
cuidado de no dejar que la información
caiga en manos equivocadas: porque pueden
usarla para manipularte como a una masa,
hasta que no te quede más circulación.

Si descubres que tus sueños y aspiraciones
son difíciles de alcanzar, alaba a Dios y
confía en Él para que te ayude: porque nada
que valga la pena, se logra fácilmente.

La quiebra de estas gigantescas instituciones
financieras es un gran refuerzo de un
hecho muy significativo. El hecho de que
solo hay un lugar seguro para acumular
tesoros: y ese es en el reino de los cielos.

Es mi firme creencia que si los hombres
dedicaran más de sus energías y recursos
a la construcción del reino de Dios,
entonces se darían cuenta de muchos más
beneficios de sus esfuerzos terrenales.

Piensa dos veces antes de convertirte en
deudor: esto tiene el potencial de robarte tus
finanzas, tu dignidad, tu privacidad y tu sueño.

Como deudor, si solo supieras que te costaría
todo lo que poseías, entonces estoy seguro de que
optarías por cualquiera de las otras alternativas.

Si estás contemplando la acumulación de
deudas, aquí hay un hecho que deberías saber.
Podría ser una gran desventaja para ti.

Como deudor, ofreces un gran poder a los
acreedores sin escrúpulos. Les ofreces una
designación que es menos que honorable. Es decir,
ladrones legales. Pero en gran desventaja para ti.

Si tan solo supieras que tienes la capacidad
de pagar todo ese dinero, en intereses, cargos
por pagos tardíos, cargos por exceder el
límite, etc., etc., etc., entonces convertirse
en deudor ni siquiera sería una opción.

Muchas personas tienen terror de los
monstruos, cuya existencia es solo
un producto de su imaginación.

Los seres humanos son criaturas sociales, y las
personas deberían estar dispuestas de tal manera
que no se vuelvan paranoicas, cuando alguien
simplemente está intentando ser sociable

Uno debe esforzarse por evitar la obsesión, ya
que puede conducir a una gran decepción.

No podrás cumplir ciertas expectativas:
porque son poco realistas.

Técnicamente hablando, los abogados nunca
pierden; son sus clientes quienes lo hacen.
Ganen o pierdan, ellos serán pagados.

Los médicos que programan de diez a
quince pacientes para la misma hora de
cita deberían tomar un curso intensivo de
economía. Sin duda, ayudará a la economía.

Si más personas se detuvieran a leer la
escritura en la pared y prestaran atención a los
consejos, marcaría una diferencia significativa
para esta y las futuras generaciones.

Estamos en medio de una economía fracasada,
con muchas instituciones financieras en
serios problemas; el valor de los bienes raíces
ha disminuido considerablemente; por lo
tanto, no hay una base lógica para el aumento
drástico de los impuestos a la propiedad.

Con pasos cautelosos, puedes evitar los peligros
del enemigo: pero difícilmente sobrevivirás
a las trampas de un amigo intrigante y
lleno de odio, que actúa en secreto.

Caminar en la oscuridad cuando hay luz,
muestra que eres necio y malvado.

Las influencias malignas tienen una
fuerza convincente que debe ser
resistida, con dependencia de Dios.

Si solo tienes dos opciones, identifica el
consenso popular y luego elige la otra. La
opción popular usualmente no es la correcta.

El orgullo es una enfermedad que primero
infectó a Satanás y afectó su mente; haciéndolo
irracional e irrealista: quería ser como Dios.

El orgullo es una fantasía que infecta la mente
como una enfermedad y afecta la capacidad
de pensar y actuar racionalmente.

Hay personas que se involucrarán contigo en
largos debates, todo porque no son receptivas
a los consejos que se les están ofreciendo.

Hay quienes piensan que Dios tenía un
cierto estándar para ellos, cuando eran
jóvenes e ignorantes. Pero esperan que
Él tenga un estándar diferente para ellos,
cuando ya son adultos y educados.

Siempre que estés en compañía de otros,
nunca bajes la guardia y asumas que no
estás siendo observado. Cuida tus palabras
y acciones, ya que lo más probable es
que alguien allí te esté examinando.

Dios ha preparado un lugar grande para ti.
¡Cielo! La pregunta es, ¿has preparado siquiera
un pequeño lugar para Él en tu corazón?

Si quieres aumentar tu inventario,
simplemente sonríe a todos los que conozcas.
Te sorprenderá lo rápido que tu corazón se
llenará de alegría y risa. Y tu salud y tu cuenta
bancaria se beneficiarán enormemente.

Cuando miras el estado caótico del mundo y consideras que todo empezó con el orgullo, uno debería tomar todas las precauciones para evitar ser infectado con esa enfermedad.

El orgullo no recibe suficiente reconocimiento por alterar la vida de tantas personas, al distorsionar sus sueños y aspiraciones.

Hay algunas cosas que deberías evitar a toda costa; el caos ocupa el primer lugar en la lista.

La especulación es buena, ya que se puede ganar mucho. La única desventaja es que se puede perder mucho. Por lo tanto, debes evaluar tu tolerancia al riesgo antes de especular.

No estoy lo suficientemente versado como para hablar sobre el tema del juego, pero al menos sé que hay dos tipos de personas que deberían evitarlo: las que entienden los peligros y las que no.

Algunas preguntas que se hacen no tienen la intención de aclarar algo ni de descubrir hechos; sino que se hacen únicamente para obstaculizar, provocar controversia o abrir un foro para poder ser argumentativo.

Aunque pueda parecer que todo está perdido, nunca te rindas; porque si sigues intentando, no tienes nada más que perder: pero podrías llevarte una agradable sorpresa al ver que las cosas cambian de manera positiva con tu último esfuerzo.

Es genial cuando recibes apoyo de otros, pero si no lo recibes, es aún más razón para mantener el enfoque y estar determinado a tener éxito.

Muchas grandes realizaciones se habrían frustrado, si no hubiera sido por la perseverancia, determinación y persistencia de aquellos que simplemente no se rendían, hasta que se alcanzaba la meta.

El hecho de que el balde no haya alcanzado el agua no significa que el pozo esté seco: solo necesitas bajarlo más profundo.

Las acciones de las personas pueden ser muy devastadoras a veces. Sin embargo, lo que importa es tu reacción, ya que eso determinará el éxito o el fracaso.

Si alguien se dirige a usted de manera
despectiva, eso no le da derecho a sentirse
avergonzado ni siquiera a sentirse insultado.
Primero, debe determinar si esa persona
tiene siquiera la capacidad de ser elogiosa.
Si no es así, no necesita preocuparse.

Cuando pides prestado o utilizas crédito, no estás
saliendo de la deuda; estás entrando en ella.

Las circunstancias de la vida no determinan tu
destino; tú haces esa determinación por la manera
en que te relacionas con las circunstancias.

Las cosas buenas no ocurren por accidente:
ocurren por esfuerzo deliberado y determinación.

Hay personas que están preocupadas por la idea de que son inteligentes. Pero es irónico que cuando abren la boca y tratan de convencerte, reflejan una imagen totalmente diferente.

Hay personas que te evaluarán y determinarán que eres una mala persona. Esto lo harán sin ninguna evidencia concluyente. Y puedes protestar todo lo que quieras, pero en su estimación, eres simplemente la persona que ellos perciben que eres.

El humor no siempre es bueno; depende del momento, del lugar y de quién esté presente. Mientras que algunos se divertirán mucho, hay otros que se irritarán profundamente.

Independientemente de lo buena e interesante
que pueda ser una historia, no es necesario
escucharla una y otra y otra vez. Se vuelve
aburrida y molesta, tarde o temprano.

Porque estás tan dispuesto a juzgarme, incluso
sin fundamento, debo concluir que eres o un
pesimista gruñón o un monstruo diabólico.

Tus puntos no son fundamentales, sin embargo,
ambos están comprometidos en el debate.
Mi pregunta es, ¿qué esperan lograr?

Hay momentos en los que los problemas más
complicados se pueden simplificar, si hablas
con la persona adecuada. Tu único desafío es
determinar quién es la persona adecuada.

Cada problema tiene una solución, pero
el pánico no es una de ellas. Por lo tanto,
debes tomarte el tiempo para encontrar
la solución y no entrar en pánico.

Todo negativo tiene un positivo, y cumplen
su propósito, respectivamente.

El hecho de que se rechace su producto
o servicio no siempre refleja una mala
calidad. A veces puede ser simplemente
una falta de capacidad de una persona para
evaluar y apreciar la buena calidad.

Si me preguntas, ¿cuándo es innecesario
un gesto amable? Simplemente diré:
"¡nunca!" Y esa será mi respuesta final.

Hay mujeres caras, y también hay
mujeres virtuosas. Ten cuidado de
no confundir a una con la otra.

Es bueno que creas y aceptes la verdad de la
palabra de Dios: pero es mejor si la obedeces.

A veces un hombre tiene que ser lo
suficientemente valiente para hacer el bien que
sabe, incluso si eso le vale una bofetada en la cara.

El mejor momento para tirar tu cigarrillo
es antes de fumarlo. Cualquier otro
momento, es demasiado tarde.

El amor es el arma más efectiva, que
conquistará incluso al peor enemigo.

Es bueno y encomiable que seas honesto.
Pero eso no te convierte en un héroe.
La honestidad es algo natural.

Se espera que todos sean honestos, pero
no se espera que todos sean héroes.

Siempre que tengas un plan para lograr algo en lo
que realmente creas que es bueno, da cada paso,
contra todo pronóstico, contra toda oposición;
con plena determinación de tener éxito.

Nunca escuches información negativa
sobre tu plan, ya que eso te desanimará
y te hará abandonar tu sueño.

Si eres miembro de un comité o junta, y estás
presente en todas las reuniones pero nunca
haces al menos una contribución verbal,
deberías renunciar, y cuanto antes, mejor. Eso
será en el mejor interés de la organización.

Es derecho de todos los hombres sobresalir en su
campo respectivo o en su ocupación profesional.
Pero esto no es necesariamente algo que
estará fácilmente al alcance. Por lo tanto, para
sobresalir, uno debe tener determinación y hacer
el esfuerzo necesario, contra todo pronóstico.

Es un hecho conocido que las acciones hablan
más que las palabras. Pero la verdad no se ha
contado sobre la reacción. Porque puede ser la
más devastadora, dadas las circunstancias.

Hay consejeros que te dirán que lo que
hiciste estuvo mal, pero solo después de
que ocurra. Pero nunca podrán decirte
lo que deberías haber hecho.

Cuando se corre la voz de que eres una persona
generosa, dispuesta a ayudar a otros que
están en apuros, hay quienes rápidamente
piensan en su mente: aquí hay alguien a
quien podemos aprovechar. Y de inmediato
proceden a hacer exactamente eso.

El hombre que se acostumbra a usar herramientas
de corte desafiladas a lo largo de los años,
se coloca en un gran riesgo: porque el día
que decida afilarlas, podría perder mucha
sangre, o incluso partes del cuerpo.

Hay personas que viven bajo la ilusión de
que son cristianas, pero no poseen tales
características. No son amables, ni amorosas ni
comprensivas. Francamente, no tienen corazón.

Es bueno tener grandes sueños, pero debes
hacer todo lo posible por alcanzarlos; al
menos de alguna manera pequeña.

Si quieres ser grosero e insultante,
debes esperar el momento adecuado.
¡Afortunadamente, nunca llegará!

A veces sientes que debes hablar para
mostrar tu brillantez y ser convincente;
pero si eso provoca que el prospecto cancele
hacer negocios contigo, entonces solo
demuestra que lo contrario es cierto.

Siempre es el momento adecuado
para ser cortés y hospitalario, incluso
con un completo desconocido.

Hay gran dignidad y nobleza en la humildad.

No hay absolutamente ninguna dignidad
ni nobleza en la hostilidad.

La discreción es una habilidad tan grande, y sin embargo es tan fácil de aprender y dominar para todos.

Hay ciertos reconocimientos que se hacen en una fecha posterior. Pero todas las indicaciones estaban allí desde el principio. Simplemente, la gente no es observadora.

La discreción tiene un valor intrínseco tan grande, y sin embargo no cuesta nada.

Cualquier grupo u organización que arrebate fríamente la vida de personas inocentes, debe tener en cuenta que tiene el potencial de afectar de manera permanente la vida de miles de familiares y también de amigos.

La hipocresía es la falacia de los cristianos
falsos, simple y llanamente.

Algunas personas hacen de su trabajo asegurarse
de que otros cumplan las leyes: pero dan toda
la impresión de estar exentos de cumplirlas.

Servimos a un Dios grande, y Él tiene
grandes planes para los más pequeños
de nosotros. Así que no dejes que nada
ni nadie se interponga entre tú y Él.

Si tu deseo es surcar el universo, entonces
debes permitir que Dios tenga Su deseo
contigo: y el tuyo se realizará con
toda certeza, a su debido tiempo.

Haz de Dios el centro de tu vida, y no
hay límite para las grandes cosas que
puedes lograr para Su reino: Porque Dios
es honorable, y Él honra la fidelidad.

Joven, joven mujer, si deseas tener al cónyuge
ideal, de alguna manera, tienes la mente de
Dios: porque ese también es su deseo para ti.

Si hay algo que deseas de Dios, pídelo, confía
en Él, obedece, sírvele y espera pacientemente
en Él: porque ninguna cosa buena negará
a aquellos que caminan rectamente.

Si estás buscando un lugar de refugio, un lugar
seguro; entonces deberías buscar el mejor: Hay un
lugar así, y lo encontrarás en los brazos de Jesús.

No se necesita ser un genio para saber si tus caminos agradan a Dios; porque Él se magnificará en tu vida y dará la confirmación de Su agrado.

Al enfrentarse al mal, solo tienes que mantenerte en pie; de lo contrario, te atropellarán.

El mal no es una invención de la imaginación de nadie. Es real y ofensivo bajo cualquier estándar; y ha afectado negativamente las vidas de innumerables millones, y continuará haciéndolo: hasta que sea atacado y destruido con fiereza.

Los amigos normalmente no son para todo; eso no significa que no sean buenos: simplemente no esperes que sean todo para ti.

La satisfacción es más probable de realizarse
cuando uno tiene poco, en lugar de abundancia:
porque cuanto más se obtiene, más se desea.

A veces, cuando te están persiguiendo, es solo
por tu propio bien: el perseguidor solo está
intentando advertirte de un peligro inminente.

Si Dios te está persiguiendo, es solo por una
buena razón. Él quiere advertirte del peligro y
salvarte de ellos; mientras cooperes con Su plan.

Algunas personas tienen la costumbre de lanzarte
su desagradable comportamiento directamente,
y aun así pretenden que todo está bien.

Siempre se debe buscar y valorar un
buen consejo: pero los malos deben
ser desechados rápidamente.

Los consejos vienen en dos formas: buenos
y malos. Así que antes de actuar según
ellos, haz tu propia investigación.

Recibirás muchas ofertas para ayudarte, pero
algunas son solo artimañas para dignificar la
curiosidad de algunos individuos inquisitivos.

Es imposible mantener la paz con todos los
hombres. Sin embargo, en la medida de lo
posible, deberías intentarlo; pues podrías llevarte
una agradable sorpresa con el resultado.

Es difícil aceptar la idea de que algunas personas están comprometidas a hacer tu vida miserable e imposible. Pero si lo haces, eso solo debería fortalecer tu determinación de ser amoroso y hospitalario, mientras persigues la felicidad y el éxito.

Es muy fácil sentarse y esperar a que otros tomen la iniciativa para hacer que las cosas sucedan, de modo que puedas cosechar los beneficios. Pero considerando que no ocurrirá nada si los demás adoptan la misma actitud que tú, hay aún más razón para que te unas a los demás, y el resultado será mayor.

Hay momentos en los que has agotado todas tus energías, y no hay nada más que puedas hacer; ¡nada en absoluto! Ahora solo sientes que estás listo para colapsar en la desesperación y la decepción. Pero porque sabes que tienes un Dios que te ama; un Dios que no te abandonará; eso te da nueva esperanza y dependes de Él: y en medio de todo, encontraste nueva fuerza.

Siempre habrá días en los que todo lo que haces parece no resultar en nada valioso. Esos son los días que ponen a prueba tu alma. Es en esa prueba donde determinas si eres un ganador o un perdedor.

El hecho de que sea muy fácil perder, no significa que sea difícil ganar. Pero lo primero debería proporcionar la motivación para tomar la determinación de lograr lo segundo.

Hay quienes están diametralmente opuestos a
todo lo que es lógico, bueno e ideal. Por lo tanto,
ninguna cantidad de razonamiento o negociación
hará una diferencia con ellos. Están totalmente
decididos a la destrucción de los demás.

La ignorancia y las graves ideas erróneas
de algunas personas son perjudiciales
para su propia supervivencia y bienestar,
así como para el de los demás.

Un hombre sin humildad es un
hombre de estupidez.

No se necesita ciencia complicada para
determinar que Dios es más grande que
el hombre: es un hecho universal.

Nunca te rindas, nunca te desanimes por
las críticas. Siempre habrá quienes sientan
que es su deber criticar y menospreciar a
los demás. Es tu deber estar determinado a
triunfar, perseverar hasta alcanzar tu meta.

Si la crítica no es constructiva, entonces carece de
fundamento; por lo tanto, no debería afectarte.

Muchos dependieron totalmente del sistema
a lo largo de los años: ahora el sistema está
roto y no conocen otra forma de sobrevivir.

Incluso en la economía más inestable, cuando
casi todas las empresas que antes prosperaban
están al borde del colapso total, aún se puede
encontrar seguridad: pero sólo en el Señor.

With all of the wealth and the abundance of riches that are in this world; the multimillion dollar holdings of so many gurus: there is still no security, except in the kingdom of God.

Siempre declara tus verdades con claridad,
pero no esperes convencer a todos;
porque te sentirás muy decepcionado.

De vez en cuando se te dará la oportunidad de impactar positivamente la vida de alguien. La decisión es tuya de determinar si la trivializas o si te elevas a la ocasión y aprovechas la oportunidad para marcar la diferencia.

Man, with all his great skills and cunnings,
have achieved some of the most magnificent
accomplishments. There is hardly any limit
to what he can do, except, he will never be
able to find his way to heaven. He can only
get there by faith in, and by surrendering
to the only begotten Son of God.

Cuando tienes cosas que hacer, no
debería importar lo que otros piensen o
digan; simplemente deberías hacerlas:
porque tú sabes por qué, ¡ellos no!

Si siempre esperas obtener la aprobación de
los demás para hacer lo que debe hacerse,
siempre tendrás asuntos pendientes.

Si sabes que algo debe hacerse, y tú eres
quien debe hacerlo; no hables de ello,
simplemente hazlo. Porque siempre habrá
quienes te desanimen, incluso sin razón.

Nadie actúa sin una agenda: es la
tuya o la de otra persona.

El hecho de que alguien conteste tu llamada no
significa que vayas a mantener una conversación.
Hay personas que te mantendrán allí hablando sin
parar, sin darte oportunidad de decir una palabra,
sin importar quién haya hecho la llamada.

No todos son manipuladores, ya que hay
personas con las que puedes tener una
gran conversación por teléfono.

Hay algunas cosas que rápidamente se
relegan al trasfondo de mi conciencia.
¡Esas cosas ya no pueden afectarme!

La controversia siempre ha existido. Pero la
determinación final depende de tu reacción.

No estoy familiarizado con la complejidad
de la situación, pero hay una cosa que sí
sé; no tengo absolutamente ningún interés
en ser parte del asunto en cuestión.

La mayoría de las veces, cuando las personas
están haciendo pucheros, confunden un
problema con otro. Porque generalmente,
el que permiten que salga a la superficie no
es el que realmente causa su mal humor.

El hecho del asunto, la conclusión de todo el
asunto, es que hay personas que están destinadas
al infierno y totalmente comprometidas con la
interrupción y la destrucción final de cualquiera
que tenga la mala suerte de cruzarse con ellos.

Es bueno si las personas te motivan e inspiran
a pensar positivamente y a aspirar a hacer
cosas buenas y nobles. Pero eso no debería
ser la base de tu motivación. Porque es más
probable que te menosprecien y desanimen
si saben que les estás dando la opción.

El hombre o la mujer que deliberada y
fríamente pone en peligro la vida de otros, y
que ni siquiera dudaría en causar su muerte:
esa persona debería perder todos los derechos
constitucionales al debido proceso.

Incluso el perfume más caro no te dará
el olor a pureza si no estás limpio.

Si eres una persona positiva, emprendedora
y optimista, pero los demás piensan de ti
de manera negativa; no necesitas cambiar:
son ellos quienes necesitan hacerlo.

Si las personas te menosprecian y están
empeñadas en tu destrucción, casi no hay nada
que puedas hacer para cambiarlas. Así que
mantente alejado de ellas tanto como sea posible
y no contribuyas a ninguno de sus planes.

Sé lo mejor que puedas ser y manténlo así,
sin importar qué: siempre habrá quienes
piensen en ti de manera negativa.

La sabiduría no proviene de lo que se
enseña, sino de lo que se aprende.

Si alimentas tus malos hábitos de la infancia,
algún día esos hábitos se convertirán
en adultos: dándote la edad legal y la
autoridad para autodestruirte.

Algunos hogares están tan bien
amueblados y decorados; lo único que
falta es un lugar para sentarse.

Si crees que tus habilidades y tu intelecto
brillante son demasiado para que te dediques
a la edificación del reino de Dios, entonces
te recomiendo encarecidamente que le
des tu discapacidad y tus limitaciones.
Simplemente se sorprenderá de lo
que Él puede usarlos para lograr.

Siempre es el momento adecuado para emprender
un negocio, si formas una asociación con Dios.

Deberías intentar ser flexible al tratar
con los demás. Porque a veces pueden ser
bastante complejos. Pero al final del día,
deberías intentar ser tú mismo. Porque eres
quien eres. De lo contrario, podrías ponerte
en la situación de parecer un fraude.

Tengo en mi mano el acuerdo firmado, en
el que usted se compromete a pagarme mi
dinero el 15 de abril de 2014. Solo tengo
una pregunta para usted. ¿Cuándo será
eso? Porque hoy es 19 de mayo de 2014.

Existen muchas estructuras que se pueden
utilizar para dirigir una organización: pero la
que se elija debe seguirse cuidadosamente para
asegurar el éxito y evitar la autodestrucción.

Siempre me han gustado los niños.
Pero si ese no fuera el caso, mi hijo y su
encantadora esposa con sus cuatro hermosos
hijos me convertirían rápidamente.

Siempre que puedas mostrar amabilidad a
alguien, no dejes que ninguna circunstancia
se interponga. Simplemente hazlo.

Si tienes interés en algo, y hay muchas
historias contradictorias al respecto; creo
que deberías hacer tu propia investigación
antes de llegar a una conclusión adecuada.

Dios es omnipotente, omnisciente y
omnipresente. Él no recibe instrucciones
del hombre. Pero el hombre necesita y
debe recibir instrucciones de Él.

Dios es más grande que el hombre. Él es nuestro Creador. Él sabe lo que es mejor para el hombre: dio instrucciones que, si se siguen, garantizarán el bienestar del hombre. No solo para aquí, sino también para la otra vida.

Si conduces una minivan, incluso si no estás recogiendo pasajeros, te ganarás la ira de los conductores de autobús de pasajeros si los adelantas. Ellos creen que estás recogiendo pasajeros.

Es muy irónico que los hombres no puedan leer tu mente, y aun así piensen que saben con certeza lo que estás pensando. Y basados en eso toman decisiones que te afectan negativamente.

Puede que no siempre puedas hacer
contribuciones materiales o financieras
tangibles a tus familias; sin embargo, no
debes distanciarte de ellas. A veces, todo lo
que necesitan es verte, o incluso saber de ti,
y saber que estás bien y que te importa.

Dios es el gobernante supremo de toda
la humanidad, y Él sabe cómo podemos
honrarle mejor: y lo comunica en Su santa
palabra. Por lo tanto, es una tontería y un
deshonor para el hombre inventar nuevas
formas, según su propia semejanza.

Dios quiere que el hombre sea feliz, pero
es imposible que el hombre encuentre
la felicidad siendo desafiante con Él.

Dios es la fuente del conocimiento y Él hizo
posible que el hombre pudiera tenerlo sin
fin. Pero el adversario ha irrumpido en el
plan de Dios y ha contaminado y pervertido
lo que era el ideal: y el hombre queda
pensando que es más inteligente que Dios.

El hombre está saltando y protestando, como
si fuera el dueño de su propio destino: pero
a menos que recupere la sensatez y se deje
guiar por Dios, sin duda se autodestruirá.

Es triste que, aunque Dios sea tan amoroso,
bondadoso, misericordioso y totalmente
comprometido con la salvación del hombre,
muchos sean tan rebeldes y empeñados en hacer
lo que quieren, para gran desagrado de Dios.

El hombre afirma ignorancia y confusión
acerca de las cosas del reino de Dios.
Pero en su mayor parte, esa afirmación
no es real. Es solo una fachada, para
justificar su desafío voluntario a Dios.

Hay quienes usarán su cargo en la iglesia de
Dios para introducir sus propias ideas sobre
la adoración. No serán receptivos a ningún
consejo que consideren contrario a su forma
de pensar. Y así, te involucrarán en largos
debates, solo para salirse con la suya.

Dios no es ajeno a las actividades de la
humanidad: pero es paciente y amable; es
longánimo. No quiere que nadie perezca,
sino que todos lleguen al arrepentimiento.

Es deber de los creyentes amar y dedicar
tiempo, ayudando a otros a conocer
y comprender las cosas del reino de
Dios: para que puedan tomar decisiones
informadas sobre la salvación de su alma.

La humanidad se está divirtiendo, mientras
muestra indiferencia hacia la palabra de
Dios. Pero un día, cuando llegue el momento
según el calendario de Dios, Él hará lo suyo.
Sin embargo, será un día triste para aquellos
que se dedican a deshonrarlo y desafiarlo.

No me da placer saber que hay muchos que
están dando a Dios por sentado. Y a menudo
me pregunto si hay algo que no estoy haciendo,
que podría tener un impacto positivo en la
vida de siquiera una de esas personas. Si es así,
también soy culpable de dar a Dios por sentado.

Si eres padre, siempre da consejos positivos
a tus hijos, incluso si crees que no te están
escuchando: porque cuando seas mayor, y tengas
cincuenta años, podrías llevarte la agradable
sorpresa de escucharlos decir: "Papá" o "Mamá,
te escuchamos, mucho más de lo que crees."

Algunos niños son malos, pero cuando tienes
buenos niños, debes darles reconocimiento. Esto
los animará en su proceso de toma de decisiones,
mientras enfrentan los desafíos del mañana.

Las personas que adoran según su propio
estándar piensan que son únicas en su
teología; y que pueden informar la Biblia,
pero recomiendo encarecidamente que
dejen que la Biblia los instruya, para que
puedan estar en buena relación con Dios.

Si quieres mantenerte en buena relación con Dios,
debes aprender a permanecer de rodillas con Él.
Porque ahí se encuentran grandes victorias.

Frecuentemente se oye a la gente decir:
"No creo que Dios haga eso." ¡Respuesta
equivocada! Porque Dios no dejó ciertos
asuntos al pensamiento del hombre. Pero
Él es muy específico en cuanto a lo que
hará. Para que no haya malentendidos.

Hay quienes piensan que pueden engañar a Dios
para que haga lo que ellos quieren, aunque eso
no Le complazca. Pero esa es la mayor insensatez:
porque Dios es más sabio y grande que el hombre.

Hay momentos en los que tienes una situación genuina, pero no eres capaz de explicarla y convencer a algunas personas. Porque tienen nociones preconcebidas sobre ti que de ninguna manera coinciden con quién eres.

Si buscas desánimo, sigue compartiendo tus planes con los demás. Pero si buscas éxito, sigue trabajando en tus planes.

Hay personas que te acusarán de hacerlas enojar. Pero ese no es el caso. La verdad es que están enojadas, y tú simplemente les diste la oportunidad de ser ellas mismas.

Si un líder de la iglesia se propone usurpar
el papel de un departamento y cuenta con
el apoyo de la junta, eso podría ser una
indicación de que Dios no está guiando,
y la iglesia podría autodestruirse.

La Biblia es el manual de Dios para el
hombre, para guiarlo en el camino de la
verdad y la obediencia. Pero algunos han
encontrado una alternativa a la obediencia,
y ya no necesitan el manual de Dios.

Hay muchos en la iglesia que hablan
mucho, pero al final del día, están muy
abajo en cuanto a principios se refiere.

Un hombre no está listo para morir hasta
que su vida esté en obediencia a la palabra
de Dios. Pero hay un solo problema. Listo o
no, podría morir en cualquier momento.

Las organizaciones que no siguen sus
propias reglas, se encaminan al fracaso.

Hacer algo diferente, cuando existe un orden
establecido y obligatorio a seguir, constituye una
de las cosas: desafío, manipulación o sabotaje.

No debes depender de nadie, a menos que
estén trabajando juntos para tomar acciones
positivas. Incluso entonces, debes estar preparado
para usar tu propia iniciativa, por si acaso tu
compañero no cumple con su parte del acuerdo.

Ahora que el hombre te ha fallado, solo queda una opción. Y esa es confiar en Dios, lo cual debería ser tu primera opción de todos modos.

En un sentido metafórico, si utilizas medios fraudulentos para obtener riquezas, debes tener en cuenta que algún día podrías necesitarlo todo para pagar el tratamiento de tu lepra.

Ten cuidado de que tu amor por el dinero y las posesiones materiales no te cause lepra.

Si quieres trabajar en el Sabbath, deberías considerar convertirte en pastor: pero siempre debes caminar en justicia. La pregunta es, ¿cómo harás eso, cuando ya tienes el motivo equivocado?

Algunas oportunidades es mejor dejarlas pasar
que detenerse en ellas; pues podrían causarte
gran miseria y pérdida interminable.

Cada experiencia tiene uno de dos
impactos: ya sea positivo o negativo.

Un engañador también es un inventor: inventa
mentiras o pruebas para engañar a sus víctimas.

Hay preguntas que no requieren una respuesta
verbal. Esas son las que simplemente contemplas.

Hay muchos llamados creyentes que no verán el cielo. Y eso es por la sencilla razón de que no son más que falsos engañosos, a pesar de su profesión en sentido contrario.

Ten cuidado de no codiciar las bendiciones de los demás, porque también podrías heredar su maldición.

No hay duda de que estamos en una terrible crisis económica; sin embargo, hay mucho que todos podemos hacer para ayudarnos mutuamente. Podemos ser más positivos y creativos; podemos unir nuestros recursos; podemos compartir una palabra de aliento; podemos compartir ideas.

Hay tanto que podemos lograr, incluso en
esta economía terrible; si nos unimos y
trabajamos juntos de todo corazón: con una
fuerte determinación de tener éxito.

En estos tiempos muy difíciles, hay una manera
en la que puedes tener éxito. Esa es mirar
a tu alrededor e identificar a personas con
intereses y ambiciones similares, y también
con una fuerte determinación de triunfar:
luego únete a ellas, anímales, motívales
y ayúdales: y juntos, tendrán éxito.

A veces, cuando un hombre se jacta en
presencia de su esposa, si pudiera leer su
mente, eso lo detendría en seco. Porque
sabría cuánto la desagrada que haga eso.

Un hombre que le gusta jactarse y presumir,
realmente debería obtener la opinión de
su esposa, en un momento en que ella
esté dispuesta a decirle la verdad.

Una mujer puede ser la más sincera cuando
le dice a un hombre que no sirve para nada.

Ciertos objetivos solo pueden alcanzarse si se
persiguen diligentemente, pero en secreto.

Hay logros mayores en los esfuerzos
de equipo que al trabajar solo.

A veces, cooperar juntos en ciertos proyectos
puede ser más gratificante que competir entre sí.

Algunas personas piensan que el éxito se
logra obteniendo cosas en sus manos, para así
tener el control. ¡Pero no! ¡No es así! Porque
el éxito se logra trabajando en las cosas
con diligencia y de manera incansable.

Cualquier idea malvada que acaricies, debe ser
relegada a un segundo plano de tu conciencia,
antes de que sean ejecutados. Eso te convertirá
en un gran activo para la sociedad.

La mejor manera de ejecutar planes malvados
es suspenderlos hasta que sean olvidados.

Si tienes la compulsión de lastimar a alguien, al menos deberías esperar hasta que la persona esté fuera de tu alcance y en un lugar de completa seguridad, entonces puedes olvidarte de ello.

La próxima vez que decidas lastimar a alguien, por favor habla conmigo al respecto: te prometo que te convenceré de que no lo hagas, y luego siempre puedes culparme por no permitirte hacerlo. Para eso están los amigos.

Aunque no conozcas a Dios, Él sigue siendo tu Padre. Porque solo hay un Dios que es Creador, y Él es el Padre de toda la humanidad. Pero si lo conoces, lo honrarás y obedecerás.

El hombre que no es receptivo a Dios, quien
es el dador de toda verdadera sabiduría,
probablemente permanecerá ignorante
respecto a las cosas de Su reino y continuará
abrazando el argumento de los necios.

Si tienes la oportunidad de ser un espejo para
el mundo, ¿qué verán en ti? ¿Será un ejemplo
que impacte positivamente en las vidas?
¿O los hará sentirse los más miserables?

No todos los cumplidos tienen sustancia:
depende del motivo y, a veces, de
la capacidad de quien los da.

En tu campo de trabajo, cada vez que te encuentres con una persona grosera y desagradable, no permitas que eso te desanime. En su lugar, consuélate con el hecho de que tú no eres esa persona; y deja que la experiencia sea un estímulo para ti en la búsqueda de tu objetivo.

Un hombre de gran sustancia puede perderlo todo, ya sea por un desastre, un robo o incluso por un colapso económico. Y, sin embargo, su mayor pérdida ocurre cuando se rinde y se niega a intentarlo de nuevo.

Algunas de las mayores oportunidades existen en los peores momentos de crisis: simplemente son difíciles de encontrar.

Un hombre debería trabajar duro para asegurarse
de poder cumplir con sus obligaciones financieras
y no estar estresado por ellas. Pero si está
recibiendo llamadas de posibles clientes a la
1:00 a.m., cuando debería estar en su cama
durmiendo, entonces eso anula todo el propósito.

Acepta todos los cumplidos con humildad,
porque algunos son simples adulaciones:
y ese es el alimento para los tontos.

Es el plan de Dios dar a los santos unas
vacaciones activas en el cielo durante 1,000
años. Esto solo demuestra lo honorable
que es Dios hacia la humanidad.

No deseo pasar la eternidad en el cielo,
porque ese no es el plan de Dios. Pero
quiero pasar la eternidad en la tierra
renovada, porque ese es Su plan.

Soy solo un hombre pequeño con una gran
vida, pero reconozco que es un regalo
de Dios, y estoy muy agradecido.

Todas las oportunidades no se pierden hasta
que te rindes y te niegas a intentarlo de nuevo.

Independientemente de cuán numerosas sean las
oportunidades que se presenten, no ocurrirá nada
positivo, a menos que, y hasta que, las detengas.

¡Incluso cuando todo está en tu contra,
mientras estés preparado y listo para intentarlo
de nuevo; la perspectiva es buena!

Una vida vivida sin enriquecer la vida de al menos
una persona, es una vida vivida sin sentido.

Si estás viviendo tu vida y no puedes
identificar a alguien a quien hayas
ayudado, entonces tu vida es en vano.

Sé receptivo a los consejos, pero realiza una
evaluación inteligente antes de aceptarlos.
Porque hay personas con ideas preconcebidas
que sesgan su mente y afectan su capacidad
de ser objetivos sobre ciertos temas.

Hay personas que dirán cualquier cosa con tal de hablar, sin considerar debidamente el daño potencial que pueden causar a otras personas.

Sigue trabajando en tu meta, a pesar de muchas dificultades; e incluso de grandes esfuerzos por parte de otros para desanimarte: porque al rendirte, cierras la puerta a toda oportunidad de éxito.

Puedes tener muchas razones para no hacer lo correcto, pero solo necesitas una razón para hacerlo.

El pasado solo puede usarse para relacionar un punto, pero no tiene importancia con respecto a lo que necesitas hacer ahora; para producir resultados positivos.

El tiempo perdido es tiempo dedicado a
cosas que simplemente no importan.

Para alcanzar tu objetivo, debes
tener un plan; un plan que tú u otra
persona esté dispuesto a ejecutar.

Para lograr cualquier cosa, debes tomar acción.

Si piensas que una tarea es imposible,
por muy simple que sea; la has
hecho más difícil de realizar.

El miedo es el mayor obstáculo para alcanzar tu
meta. Y aun así, el miedo por lo general no es real.

La clave del éxito radica en algún lugar
dentro del cultivo de una actitud positiva.

Lo que sabes puede ser bueno: pero
los mejores resultados vendrán de lo
que hagas con ese conocimiento.

Tanto las oportunidades como las desventajas
están presentes en nuestras vidas. Eso es
positivo y negativo. Debemos elegir si actuar
sobre lo positivo o sobre lo negativo.

En algún lugar de cada experiencia que
vivimos, hay una lección positiva que debe
ser vista para nuestro aprendizaje.

Hagamos lo que hagamos, debemos
esforzarnos por dar lo mejor de nosotros;
sin importar la recompensa.

Las oportunidades siempre están ahí: solo
necesitan ser descubiertas y aprovechadas.

El éxito no es algo que recibes, sino algo que creas.

No hay éxito en la negatividad: solo fracaso.

Sin positivismo y actividad, no puede haber éxito.

Si solo estás esperando a ver si tendrás éxito,
es muy probable que no lo tengas: no debería
ser una cuestión de si, sino de cuándo. Y tu
actividad positiva determinará tu éxito.

Si estás realmente comprometido con el éxito,
harás oídos sordos a toda negatividad.

Conoce tus propias limitaciones y actúa dentro
de ese marco. No te conviertas en víctima de
las determinaciones negativas de los demás.

Los mejores estudiantes son aquellos
con un espíritu humilde y dispuesto a
aprender; ellos adquirirán conocimiento.
Aquellos que son orgullosos y arrogantes,
eligieron la ignorancia como su destino.

Sé firme en tu determinación de ser cortés y hospitalario, sin importar nada. De esa manera, no te afectará la grosería ni la ingratitud.

Siempre debes estar dispuesto y ser diligente en cumplir con tu parte; ya que hay tareas que puedes realizar, las cuales no pueden ser replicadas por otros.

Nadie ama realmente el trabajo, pero cuando se considera la finalización exitosa de una tarea, especialmente una difícil; entonces el sentimiento de satisfacción que se experimenta, en última instancia, inspira amor por el trabajo.

El éxito no es una coincidencia, sino más bien
el resultado de la planificación y la iniciativa.

Tu actitud desempeña un papel
integral en el logro de tus metas.

Los trabajos serviles solo son creados
por personas con actitudes serviles.

Puedes identificar fácilmente a un pesimista
por sus logros; no tiene ninguno.

Puede ser bueno sentarse a soñar; pero
es mucho mejor levantarse y hacer
algo al respecto hoy: no mañana.

Los emprendedores no se forman simplemente
sentándose a soñar, sino levantándose
y poniendo las ideas en práctica.

Nunca permitas que tus fracasos se
interpongan en el camino de tu éxito.

Incluso si eres el experto, si tienes la capacidad
de colaborar con otros, el resultado será mayor.

Si te falta dignidad, lealtad e integridad,
no se espera que seas tú mismo.

Se necesita sabiduría para saber
qué pasar por alto, de manera que
puedas avanzar con tus planes.

Una meta sin un plan es inútil;
porque no requiere acción.

La acción es la fuerza impulsora detrás
de un objetivo con un plan.

Cualesquiera que sean tus situaciones,
sácales el mejor provecho; concéntrate
únicamente en lo positivo y esfuerzate
por convertirlo en algo mejor.

Los héroes solo se identifican
después de los hechos.

Para ser declarado un héroe, se debe demostrar
fortaleza, perseverancia y gran determinación:
combinadas con el compromiso diligente de
las mejores intenciones para la realización
de una tarea, contra todo pronóstico.

Si tienes algo que decir, puedes decirlo; y aun
si no tienes nada que decir, puedes decirlo.
Pero de cualquier manera, no hará ninguna
diferencia; porque mi decisión es final.

Un ejecutivo es alguien que ejerce
su capacidad de delegar a otros para
lograr que se realice el trabajo.

Puedes soñar todo el día y toda la noche,
pero a menos que te despiertes y tomes
acción, nunca serás un emprendedor.
Porque solo eres un soñador.

Si quieres aumentar tu motivación,
entonces debes aumentar tus metas.

Nunca pierdas de vista el hecho de que solo
hay un tú: por lo tanto, eres único. Así que,
usando esto como motivación, haz todo lo
posible y toma todas las medidas necesarias
para ser lo mejor que puedas ser.

El éxito no es singular, ya que viene acompañado
de algo por lo cual o en lo cual uno tiene éxito.

Tu objetivo no debería ser solo realizar la venta, sino también ganarte la vida. ¿Y no sería excelente si pudieras hacer una fortuna? Por lo tanto, es importante aprender la habilidad de vender. Eso te dará posibilidades infinitas.

Teológicamente hablando, la procrastinación es una herramienta en manos del adversario, para llevar al futuro creyente al infierno.

Un héroe no es una persona extraordinaria, sino alguien que hace cosas extraordinarias: superando grandes obstáculos, con gran fuerza y perseverancia.

Para tener éxito, uno debe tener y aplicar la
energía y la habilidad para ser persistente,
sin importar lo difícil que sea la tarea.

El éxito no depende solo de la capacidad
y la actividad de una persona, sino en
gran medida de la obra de Dios.

Cuando veas a alguien en la cima, no te
dejes llevar. Porque no empezaron allí.